Inhalt

Coupon-Marketing - Die Diskussion ist kontroverser denn je

Kernthesen

Beitrag

Fallbeispiele

Weiterführende Literatur

Impressum

Coupon-Marketing - Die Diskussion ist kontroverser denn je

E.Krug

Kernthesen

- Die Bilanz nach eineinhalb Jahren Coupon-Marketing fällt lange nicht so positiv aus, wie es viele Befürworter anfangs prognostiziert haben. Die neue Form der Rabattmarken hat sich bis jetzt nicht als Allheilmittel in der wirtschaftlichen Flaute erwiesen. (1)
- Um zukünftig wirklich effizient zu sein, setzen Couponingaktionen eine positive Zusammenarbeit von Industrie und Handel voraus. (1), (2)
- Trotz aller Kritik und Ressentiments

prognostiziert man nach wie vor dem Couponing einen festen Platz im Marketing-Mix. (2), (3)

Beitrag

Nach dem Wegfall des Rabattgesetzes haben neben den Kundenkartenprogrammen langsam aber sicher auch die Coupons Einzug in die Verkaufsförderung gehalten. Anfang bis Mitte 2002 haben sich viele Unternehmen, sowohl in der Industrie als auch im Handel, die Lösung ihrer Probleme, wie z.B. eine zunehmende Aldisierung, im Coupon-Marketing erhofft. Bei den Coupons handelt es sich hauptsächlich um vier Arten:
Rabattcoupon (bei Einlösung erhält der Kunde einen Sofortrabatt auf ein bestimmtes Produkt oder Sortiment)
Warencoupon (kostenlose Zugabe als Kaufanreiz)
Einkaufscoupon (bei der Einlösung wird dem Kunden ein pauschaler Betrag von der gesamten Einkaufssumme abgezogen)
Treuecoupon (bei der Einlösung erhält der Kunde Bonus- oder Treuepunkte, die er gutschreiben oder gegen Prämien eintauschen kann - meist ist diese Art von Couponing an ein Kundenkartenprogramm gekoppelt)
Eineinhalb Jahre nach einer relativ euphorischen

Rückkehr der Rabattmarke in Form von Coupons muss man in der Branche heute häufig feststellen, dass das Couponing in Deutschland noch lange nicht den Stellenwert erreicht hat, der in anderen Ländern, vor allem im Ursprungsland USA, mittlerweile sehr beachtlich ist. Obwohl die Konsumenten teilweise von Gutscheinen überflutet werden, gibt es in der Branche immer wieder Bedenken, ob Coupon-Marketing der richtige Weg im Kundenbindungsprozess ist. (2), (1)

Der Erfolg einer Couponingaktion kann nicht allein durch die Einlösequote bestimmt werden

Gegner und Skeptiker sehen ihre Zweifel bestätigt durch die relativ geringen Einlöseraten, die die Akzeptanz der Verbraucher deutlich in Frage stellen. So liegen laut einer Studie des EuroHandelsinstituts, die kürzlich durchgeführt wurde, die erzielten Einlöseraten bei der Hälfte der EHI-Studien-Teilnehmer im Massenmedienbereich unter 0,5%. Zwei drittel dieser Unternehmen konnten nur Raten im Promillebereich verzeichnen. (2), (3), (4)
Dennoch ist hier Vorsicht geboten, denn der Marketing-Erfolg von Coupons lässt sich nicht allein

durch die Einlösequoten und Kaufwirksamkeit nachweisen. Über die eigentliche Effizienz eines Coupons gibt hauptsächlich die Kennziffer CpC (Cost per Coupon) Aufschluss.

Die Kennziffer CpC, die sich aus den Parametern Couponwert, Distributionskostenanteil, den Handlinggebühren für den Handel und den Clearingkosten zusammensetzt, gibt Auskunft über den Geldbetrag, der investiert werden musste, bis der Coupon eingelöst wurde. Laut einer Faustregel sollte der Cost per Coupon das Doppelte des eigentlichen Couponwerts nicht übersteigen. Falsch allerdings ist die Annahme, dass sich die Rabattgutscheine sofort auf den Aktionszeitraum gesehen rechnen, denn trotz der Faustregel sind die Kosten eines Coupons bezogen auf den Ladenverkaufspreis einer Ware normalerweise höher als der Erlös des betreffenden Produkts.

Wichtig ist, sich darüber im Klaren zu sein, dass der Erfolg einer Couponingaktion sich nicht bereits während dieser Aktion einstellt und allein durch die Einlöseraten bestimmen lässt, sondern, dass eigentlich die Nachhaltigkeit der Aktion zu bewerten ist. Bei den typischen Couponnutzern ist der Anteil der Wiederkäufer relativ hoch, selbst wenn kein weiterer Coupon vorliegt.

Fazit: Die Kaufwirksamkeit innerhalb einer Aktion, die Nachhaltigkeit eines Coupons nach der Aktion und die Auswirkungen dieser verkaufsfördernden

Maßnahme auf Käufer, welche ohne Coupon einen Artikel zum vollen Preis kaufen, sind die eigentlichen Faktoren, die den Erfolg von Coupon-Marketing ausmachen. (2), (3)

Die Diskussion über den Nutzen von Couponing hält an

Hat man sich noch nach dem Wegfall des Rabattgesetzes von der Renaissance des Coupons, die Lösung diverser wirtschaftlicher Probleme erhofft, wie z.B. Erhöhung der durchschnittlichen erzielten Verkaufspreise, Abverkauf, Frequenzsteigerung und Kundenbindung, so lässt der große Erfolg heute noch auf sich warten. Das liegt nicht zuletzt daran, dass Couponaktionen meist einstufig erfolgen, zum einen von der Industrie ohne den Handel mit einzubeziehen, zum anderen vom Handel allein durch z.B. Einkaufsgutscheine ohne Produktbezug. Diese einstufigen Aktionen allerdings laufen an und für sich ganz gut. Auch die Sonderformen, wie Cross-Coupons oder Verknüpfungen von Gutscheinen und Kundenkarten setzten sich gut durch. Bei einer klaren strategischen Zielsetzung, deutlich messbaren Vorgaben und exakter Planung ist das einstufige Couponing durchaus erfolgreich.
Dennoch mangelt es an dauerhaften,

flächendeckenden Einlösemöglichkeiten für die Coupons aller Arten. Zweistufige Couponingaktionen scheitern schlichtweg daran, dass Industrie und Handel nur selten im Bereich Couponing zusammenarbeiten. Hier muss und kann noch viel verbessert werden. (1), (2), (3)
Im Großen und Ganzen ist es allerdings fast noch zu früh, um das Couponing an einer Vielzahl von Erfolgsbeispielen messen zu wollen. In einzelnen Bereichen zeigen sich deutlich die Chancen von Coupon-Promotion im Rahmen von Kundenbindungsmaßnahmen, Preisstabilisierung und auch Preissensibilisierung beim Verbraucher. Man darf nicht vergessen, dass für unterschiedliche Produkte auch unterschiedliche Verkaufsförderungsmaßnahmen erforderlich sind. Couponing ist z.B. bei der Neueinführung eines Produktes wesentlich wirkungsvoller als bei der Vermarktung einer bekannten kauffrequenten Marke. Sehr positiv bei Coupon-Marketing wirkt sich aus, dass sich der wahrgenommene Normalpreis der Ware nicht verändert. Bei sonstigen Preisaktionen geben die reduzierten Preise dem Endverbraucher manchmal das Gefühl von Verramschung. (1), (2), (3), (4), (5), (6)
Ein nicht zu unterschätzendes Problem bei Couponingprojekten dagegen ist das Manipulations- und Fälschungsrisiko. Die Verbreitung von gefälschten Gutscheinen ist keine Seltenheit, wie

diverse Beispiele aus den USA beweisen. Nicht ganz so kritisch aber dennoch nicht unproblematisch sind die Kassenschlangen, da sich durch das Einlösen von Coupons, eventuellen Erklärungen und Diskussionen der Bezahlvorgang verlängert und der Frust der Wartenden sich dadurch verstärkt. Folge ist, dass das Kassenpersonal die Unzufriedenheit zu spüren bekommt und zudem häufig schon bei Nachfragen betreff des Gutscheins überfordert ist. Auch die Rücknahmegarantie und das Umtauschrecht berücksichtigen bis jetzt noch keine Rabattaktionen mit Coupons. Das verschärft nicht nur die Problematik an der Kasse, sondern gibt auch wieder genügend Spielraum für Betrügereien. (1)

Die besten Chancen für Couponing verbergen sich im Direktmarketing

Risiken, Probleme, Nachteile! Befindet sich Coupon-Marketing bereits auf dem Rückzug? Davon kann allerdings, bis auf die Ausnahme der klassischen Coupon-Beilage, nicht die Rede sein. Im Bereich Coupon-Promotion über Beilagen von überregionalen Zeitungen und Zeitschriften hat die anfängliche Begeisterung deutliche Dämpfer erlitten. Der Erfolg von breit gestreuten Gutscheinen ließ deutlich auf sich warten und mittlerweile ist klar, dass eine Direktmail mit Sicherheit effizienter ist. Nicht zuletzt deshalb, weil effektive Rabattaktionen segmentierbare Zielgruppen brauchen. Die Einlösequoten sind bei der direkten Ansprache wesentlich höher, als bei den meisten anderen Distributionskanälen. Das spielt natürlich vor allem für den Kundenbindungsprozess im Rahmen von CRM-Strategien eine maßgebliche Rolle, da hier die für diese Art von Distribution notwendigen Kundendaten vorhanden sind. Laut der EHI-Studie hat die Hälfte der Unternehmen beim Direct Mailing eine Einlöserate von 10% bis 20% erzielt. Der Verbraucher akzeptiert offensichtlich den direkten Kontakt mehr als eine anonyme Massenverbreitung von Coupons. Dazu kommt, dass sich die Sammlerleidenschaft offensichtlich in Grenzen hält und dem Konsumenten die gesamte Abwicklung, wie ausschneiden, aufbewahren, wieder finden und im Geschäft einlösen, zu aufwendig ist. (2), (5)

Fallbeispiele

Coupon-Szenario in den Apotheken

Die Gesundheitsreform naht und der Wettbewerb ist gewaltig. So hat die Apothekerzunft kürzlich den Coupon als Marketinginstrument für sich entdeckt.Vorteil: Der ursprüngliche Referenzpreis des Produktes bleibt bestehen, der Markenwert bleibt im Kopf des Verbrauchers erhalten (Keine Verrammschung!)
Ziel: Ankurblung des Verkaufs, Imagepolitur des Unternehmens (7), (8)

Coupon-Marketing als Feedbackmöglichkeit

In der Autobranche spielen Kundenmedien eine große Rolle.
Vorraussetzung für ein gutes Kundenmagazin als Mittel zur Kundenbindung sind ein professionelles Layout, ein journalistischer Anspruch, gute Bilder und last but not least gezielte Feedbackmöglichkeiten. Hier bietet sich seit Fall des Rabattgesetzes der Coupon an, der die Preissensitivität der Kunden erhöhen soll. (6)

Coupon-Beilagen auf dem Rückzug

Rabattheft Cent PlusDas Couponprojekt der AS-Promotion Cent Plus startete vor ca. einem Jahr. Ursprünglich beabsichtigte man das achtseitige Heft in den Trägermedien Bild am Sonntag und Bild der Frau monatlich erscheinen zu lassen.
Davon kann heute keine Rede mehr sein. Im Gegenteil, das Heft erschien immer seltener. Daran änderten auch deutliche Preisvergünstigungen nichts. Die vorübergehende Endstation ist der Bereich der Sonderwerbeformen Bild-Gruppe. (5)

Cut & Cash
Der Bauer-Verlag hat mit Cut & Cash ein fertiges Angebot im Schrank, das als Zeitschriftenbeilage der Titel Bella, Tina und Laura verbreitet werden sollte. Momentan allerdings hält man sich noch bedeckt, da kaum Nachfrage nach Coupons in Verlagsbeilagen besteht. Das Projekt ist also vorerst mal auf Eis gelegt. (5)

Weiterführende Literatur

(1) Aus Kauflust wird Kundenfrust
aus Lebensmittel Zeitung 46 vom 14.11.2003 Seite 042

(2) Schäfer, Sarah, geschäftsFührung, Coupon-Marketing, Nutzwert zweifelhaft, Handelsjournal, 15.10.2003, S. 46
aus Lebensmittel Zeitung 46 vom 14.11.2003 Seite 042

(3) Wirkung über die Aktion hinaus
aus Lebensmittel Zeitung 41 vom 10.10.2003 Seite 082

(4) Couponing ein Flop-
aus ProFirma, Heft 11/2003, S. 27

(5) Rabattjäger sind auf der Pirsch
aus HORIZONT 42 vom 16.10.2003 Seite 045

(6) Fest im Visier
aus AUTOHAUS, Heft 21/2003, S. 36-37

(7) Gutscheine aus der Apotheke
aus Lebensmittel Zeitung 46 vom 14.11.2003 Seite 042

(8) Apotheker auf Sparkurs
aus werben & verkaufen Nr. 47 vom 21.11.2003 Seite 094

Impressum

Coupon-Marketing - Die Diskussion ist kontroverser denn je

Bibliografische Information der deutschen Nationalbibliothek

Die Deutsche Nationalbibliothek verzeichnet diese Publikation in der deutschen Nationalbibliografie; detaillierte bibliografische Daten sind im Internet über http://dnb.d-nb.de abrufbar.

ISBN: 978-3-7379-0697-5

© 2015 GBI-Genios Deutsche Wirtschaftsdatenbank GmbH, Freischützstraße 96, 81927 München, www.genios.de

Alle Rechte vorbehalten. Dieses Werk ist einschließlich aller seiner Teile – z.B. Texte, Tabellen und Grafiken - urheberrechtlich geschützt. Jede Verwertung außerhalb der Grenzen des Urheberrechtsgesetzes bedarf der vorherigen Zustimmung des Verlags. Dies gilt insbesondere auch für auszugsweise Nachdrucke, fotomechanische

Vervielfältigungen (Fotokopie/Mikroskopie), Übersetzungen, Auswertungen durch Datenbanken oder ähnliche Einrichtungen und die Einspeicherung und Verarbeitung in elektronischen Systemen.